COUP D'ŒIL

AF318267

SUR LA

SITUATION FINANCIÈRE DE LA FRANCE

A L'AVÉNEMENT DE LA RÉPUBLIQUE.

COUP D'ŒIL

SITUATION FINANCIÈRE DE LA FRANCE

A L'AVÉNEMENT DE LA RÉPUBLIQUE.

———◆———

Paris,

CHEZ GARNIER FRÈRES, LIBRAIRES,

Palais-National, 215, et rue Richelieu, 10.

—

Août 1848

COUP D'ŒIL

SUR LA

SITUATION FINANCIÈRE DE LA FRANCE

A L'AVÉNEMENT DE LA RÉPUBLIQUE.

***

Dans l'état présent de la société, une bonne situation financière est la meilleure garantie de l'ordre social. Les besoins suivent la progression des idées, d'où la conséquence que, si les ressources ne correspondent pas aux besoins, l'ordre social est compromis, et que la société peut même être ébranlée dans ses fondements.

L'histoire des temps modernes nous apprend, en effet, que les grandes commotions politiques ont eu presque toujours pour cause le mauvais état des finances du pays; et, pour ne parler que de la France, les longues guerres et le faste de Louis XIV, les prodigalités de Louis XV et les désordres de la Régence préparèrent la révolution qui éclata en 89, et dont les excès amenèrent la banqueroute de l'Etat.

La balance se rétablit ensuite à la faveur de la gloire des armes. Elle se trouva de nouveau détruite lorsque la gloire eut cessé de la maintenir en équilibre.

La Restauration, en acceptant loyalement, à ses risques et périls, l'héritage de l'Empire, parvint à rétablir de nouveau la balance; elle avait compris que, quoique fort embarrassée, la succession, ouverte avec bonne foi, pouvait être liquidée avec honneur. Elle eut le courage de reconnaître tout le passif; mais, en même temps, elle comprit que, pour parvenir à l'éteindre, elle devait appeler l'avenir au secours du présent; en d'autres termes, la Restauration invoqua le crédit. Mais le crédit naît de la confiance, et la confiance ne se commande pas; elle s'inspire, comme tout ce qui émane du cœur : confiance et bonne foi se répondent; rien n'est plus facile que de l'inspirer, car elle est un besoin du cœur humain, en France surtout, où l'homme a les sentiments trop élevés, trop généreux, pour être défiant. Le Français ne demande, pour accorder sa confiance, qu'à être convaincu de la loyauté de celui qui la réclame, et si l'on peut dire avec vérité que l'esprit impressionnable des Français s'égare facilement, il faut aussi reconnaître que, chez eux, le cœur est toujours accessible aux bonnes inspirations, et tient toujours compte des bonnes intentions; d'un autre côté, si, en France, on est plus qu'ailleurs disposé à la confiance, si elle y est communicative, le sentiment de la propre conservation y rend l'homme très clairvoyant sur ce qui touche aux intérêts individuels ou collectifs.

La Restauration s'adressa donc au crédit, et le crédit répondit à son appel, parce qu'elle sut inspirer la confiance.

Chez un peuple doué par la nature d'aussi heureuses dispositions, il n'est pas permis de douter du salut de l'Etat, lorsque les affaires de l'Etat sont régies par des hommes habiles et bien intentionnés. La Providence tient en réserve ces hommes exceptionnels, doués d'un génie organisateur, pour retenir les nations au bord de l'abîme où les conduisent inévitablement les passions mal dirigées, et pour les remettre dans la voie du salut.

Espérons que les hommes éminents à qui elle a confié nos destinées se montreront dignes d'une aussi sainte mission.

Jusqu'à la Restauration, la guerre et la gloire avaient suffi à l'activité des esprits. Cette activité, stimulée par le besoin et surexcitée par le progrès des idées, exigeait désormais un aliment plus nutritif; elle devait le trouver dans l'industrie. Mais il fallait à celle-ci, pour être productive, des capitaux suffisans; et les capitaux, que la circulation multiplie, ne manquaient pas en France, mais ils étaient alors timides et éparpillés. La confiance, inspirée par de sages mesures financières, soutenue par le nouveau système politique qu'avait adopté le pays (le régime constitutionnel), devait les décider à se montrer et à s'unir. A l'aide des capitaux étrangers, attirés par la même cause, on vit bientôt se produire ces effets merveilleux à la faveur desquels les plaies de l'Etat purent être cicatrisées, et ce fut ainsi que, durant les seize années qui se sont écoulées de 1814 à 1830, la France présenta et soutint l'aspect le plus satisfaisant sous le rapport des finances, résultat qui présageait un long avenir de prospérité, et l'aurait probablement réalisé si la bonne foi qui présidait à l'administration des finances s'était manifestée au même degré dans la direction politique du pays.

Par l'effet de cette confiance, les divers ministres des finances qui se succédèrent dans le cours de cette période de seize ans purent négocier, sur la place de Paris, avec concurrence et publicité, 99,269,611 fr. de rente 5 p. 100, et 3,134,950 fr. de rente 4 p. 100, représentant, au pair, un capital de 2,063,765,970 fr., réduit à la négociation à 1,493,661,097 fr., et purent obtenir des prix progressivement plus élevés. Le premier emprunt en 5 pour 100, autorisé par la loi de finances du 22 avril 1816, fut négocié à 58 fr. 35 c. pour 5 fr. de rente; et le dernier en 4 pour 100, créé par la loi du 12 janvier 1830, fut adjugé à 102 fr. 7 c. 1|2 pour 4 fr. de rente, ce qui établissait, pour le 5 pour 100, la parité de 127 fr. 58 c. Sur le produit de ces négociations, un prélèvement de 1 pour 100 fut toujours réservé pour être appliqué à l'amortissement, dont l'action n'était suspendue, d'après la loi du 1er mai 1825, que lorsque les cours s'élevaient au dessus du pair de 100, circonstance qui se réalisa, pour le 5 pour 100, dès la onzième année de l'établissement du nouveau système politique, et dépassa ainsi toutes les prévisions (1).

(1) Le 5 pour 100 fut coté à 100 fr. 10 c. le 22 novembre 1826; il l'était encore à 101 fr. 50 c. le 26 juillet 1830, veille du jour mémorable où éclata la révolution qui fit crouler le trône de la branche aînée des Bourbons, après l'avoir été à 106 fr. 25 c. le 6 du même mois; les bons royaux se négociaient à l'escompte de 3 1|4 pour 100 par an. Les cours ne furent nullement atteints par cet ébranlement politique; ils s'élevèrent même après quelques oscillations, car le 5 p. 100 fut coté 104 fr. 70 c. le 13

La place de Paris se trouvait chargée, en même temps, des 30 millions de rente 3 p. 0/0 créés, en 1825, pour payer aux émigrés et condamnés dans le cours de la première révolution, le milliard qui leur avait été alloué à titre d'indemnité de leurs biens confisqués, et ce nouveau fonds, dès son apparition, se négocia à 75 fr. 10 c., taux qui établit, avec le 5, la parité de 125 fr. 15 c. La place ne se trouva pas trop surchargée par cet accroissement de la dette consolidée, car les cours du 3 p. 0/0 suivirent toujours la progression ascendante du 5.

La dette consolidée est exposée, au budget de 1830, fixé par la loi du 2 août 1829, de la manière suivante :

août 1830. Les cours baissèrent ensuite progressivement jusqu'à la fin de l'année ; mais ils ne tardèrent pas à se relever en 1831 : le 5 atteignit 98 fr. 80, et dépassa le pair dès le mois de janvier 1833 ; on le voit coté à 103 fr. 60 le 29 de ce mois, et il n'a pas cessé de suivre cette progression ascendante jusqu'à la nouvelle révolution qui, en février 1848, a détruit en France la monarchie constitutionnelle. Le 23 février, veille du jour où éclata cette révolution, il était coté 116 fr. 45, et les bons royaux étaient négociés à 4 p. 100. — Cette élévation progressive des cours est d'autant plus remarquable que le chiffre des inscriptions au grand-livre de la dette publique consolidée n'avait cessé de s'accroître. Il n'était en 1815 que de 63,307,057 fr., tandis qu'il s'était élevé progressivement jusqu'en 1830 au delà de 206 millions.

Rente 5 p. 0/0. . . . 165,217,546 »

Rente 3 p. 0/0. . . . 36,727,100 »

Rente 4 1/2. . . . . . 1,029,237 »

Ensemble. . . 202,973,883 »

A déduire : La partie des rentes 5 p. 0/0 de la Chambre des Pairs dont la loi du 28 mai 1829 a prescrit l'annulation. 1,330,818 »

201,643,065 »

A ajouter : Les rentes 3 p. 0/0 restant à inscrire sur le crédit de 30 millions de rente accordé par la loi du 27 avril 1825, relative à l'indemnité des émigrés. . . . . 1,500,000 »

203,143,065 »

Pour avoir exactement la situation du grand-livre de la dette inscrite au moment de la révolution de février, il faut encore ajouter à ce chiffre les rentes 4 p. 100 créées par la loi du 12 janvier 1830. 3,134,950 »

Total des rentes inscrites. 206,278,015 »

Représentant un capital de 4,653,216,909 »

Le passif des caisses du Trésor, qui constitue ce qu'on appelle la *Dette flottante* ou dette exigible, par opposition à la dette consolidée, autrement dite perpétuelle, et qui est le résultat inévitable de l'impossibilité de faire coïncider les rentrées avec les besoins journaliers des services, était représenté, dans la circulation, par des bons royaux s'élevant à environ 350 millions.

Telle était la situation financière de la France au début de la seconde phase du régime constitutionnel représentatif (juillet 1830).

L'ordre vraiment admirable introduit dans la comptabilité des administrations financières durant ce régime, la vigilance et la sévérité de la Cour des comptes, furent de puissants auxiliaires de la fidélité aux engagements, qui avait fondé le crédit de l'Etat.

Sans parler des besoins du service courant, aggravés par des années de disette, auxquels il était pourvu par des budgets ordinaires et extraordinaires et des crédits supplémentaires, la somme énorme demandée à l'avenir devait servir essentiellement, comme elle servit en effet, à libérer la France des onéreuses conditions financières des traités de 1814 et 1815 (un milliard et demi) et à pourvoir aux dépenses, toujours croissantes, de l'occupation du pays par l'étranger ; elle concourut, plus tard, à subvenir aux frais de trois expéditions militaires (celles d'Espagne, de Grèce et d'Alger), à exécuter de grands travaux entrepris dans le double but de pourvoir aux besoins du service public et d'occuper cette partie de la population ouvrière que le travail particulier ne suffisait pas pour alimenter ; à solder l'arriéré antérieur à 1814, et enfin à équilibrer les budgets et à pourvoir à l'amortissement.

L'enivrement de la prospérité vint encore une fois porter le trouble dans les affaires du pays. En 1814, il avait fait perdre le fruit d'une immense gloire militaire ; en juillet 1830, il compromit les résultats bien plus précieux dont le pays était redevable à la paix qui avait fait trève à cette gloire. La même aberration de l'esprit humain avait produit, ainsi, deux fois en vingt-six ans, son inévitable conséquence. Il est juste de dire cependant que la confiance, qui avait donné ces beaux résultats, n'avait été que momentanément ébranlée par la révolution de 1830, car le nouvel ordre de choses ne tarda pas à donner des gages de sécurité à la nation, et la souveraineté nationale, désormais mieux affermie, sans être menacée au dehors, put s'exercer sans entraves au profit de l'intérêt et de l'honneur du pays.

On pourrait trouver la preuve de cette asser-
tion dans les nouvelles émissions et négocia-
tions de rentes 5 et 3 pour 100 qui eurent lieu en
1831, 1832 et 1841, d'abord à 84, puis à 98 fr.
50 c. pour le 5, et à 78 fr. 52 c. et demi pour le 3.

Le pacte qu'avait fait la nation avec le nouveau
chef qu'elle avait mis à sa tête lui permettait
d'espérer de marcher d'un pas plus ferme dans
cette voie de prospérité où elle avait déjà fait
des progrès si remarquables sous l'égide des
nouvelles formes politiques. Elle y marcha,
en effet, tant que cet état prospère n'eut pas
troublé de nouveau les régions intellectuelles
du pouvoir; mais, hélas! dix-sept autres années s'étaient à peine écoulées que, saisi du
même vertige, le pouvoir monarchique est
venu, en 1848, se briser encore, et pour la
troisième fois, contre le même écueil.

Quos vult perdere Deus demental priùs.

La situation financière n'était pas mauvaise
au début de cette seconde période du régime
constitutionnel ; elle était seulement embarrassée, ainsi que nous achèverons de le démontrer
par le rapprochement du commencement et de
la fin de cette période ; mais les dépenses, ac-
crues ensuite sans mesure, à cause surtout de
l'extension exubérante donnée aux travaux publics et de l'occupation de l'Algérie, eurent bien-

tôt dépassé les ressources ordinaires, ce qui donna naissance à des crédits supplémentaires et complémentaires dont l'accumulation accrut progressivement le déficit; une campagne en Belgique, le choléra, les inondations et la disette y avaient aussi concouru. On eut recours à des expédients pour le combler; ce fut ainsi que les caisses d'épargne furent vidées ; que l'argent qui y était déposé fut remplacé par des bons royaux, et que les réserves de l'amortissement furent converties en rentes 4 pour 100 inscrites au nom de la caisse des consignations.

D'un autre côté, les capitaux étaient appelés par les chemins de fer, dont la construction avait été imprudemment autorisée sur une trop grande échelle ; par les emprunts des villes, par ceux de l'étranger, notamment de l'Espagne, et par les compagnies dites industrielles, fondées, sans mesure et sans contrôle, d'après le système de la commandite; ces entreprises n'étaient, pour la plupart, que des piéges tendus par la cupidité à l'ignorance et à la crédulité, et ont abouti à la ruine des actionnaires et au discrédit de l'industrie.

Le mouvement général des affaires ne correspondant plus à ce besoin exagéré de capitaux, cet état de choses pronostiquait une crise financière.

Durant cette seconde période constitutionnelle de dix-huit ans (1830 à 1848), les idées industrielles , qui s'étaient manifestées dès la chute de l'empire , se développèrent d'une manière remarquable, toujours à la faveur de la paix, dont le maintien paraissait être l'idée fixe du gouvernement. Durant la précédente période de seize ans , la France avait commencé à recueillir le fruit de cette disposition des esprits ; elle obtint , pendant la seconde, des résultats qui dépassèrent ses espérances, et les obtint parce qu'on crut mieux affermies désormais, sous l'autorité du nouveau chef de l'Etat, les institutions qui les avaient inaugurées dans le pays.

Il serait superflu de démontrer par des détails l'importance de ces résultats ; cette démonstration peut être obtenue par la comparaison du budget de 1830 avec celui de 1848. Il résulte de cette comparaison que la France n'avait dû demander aux contribuables, pour couvrir toutes ses dépenses ordinaires et extraordinaires en 1830 , qu'une somme de 972,839,879 fr., tandis que, pour couvrir celles de 1848 (dernière année de la deuxième période du gouvernement représentatif), elle a dû leur demander une somme de 1,446,210,170 fr., c'est-à-dire 473,370,291 fr. de plus que ce qui avait été demandé pour 1830. En s'imposant la somme énorme de un milliard et demi pour couvrir ses dépenses d'une seule année, le pays s'était assuré des moyens de les solder, et s'il a pu trouver ces moyens sans créer de nouveaux impôts, c'est évidemment parce que sa richesse s'était développée considérablement; ce qui, d'ailleurs, est attesté suffisamment par la multiplicité des sources qui alimentent l'impôt, dont l'abondance est accrue par le mouvement industriel et commercial que l'état de paix favorise toujours, ainsi que par l'accroissement de la population, d'où résulte l'augmentation des consommations. Et, en effet, les dépenses n'appauvrissent jamais un pays lorsqu'elles sont faites dans le pays, et encore moins lorsqu'elles sont productives, comme l'ont été, pour la majeure partie, celles qui ont augmenté de près de 500 millions le chiffre de nos budgets depuis 1830. Dans ce cas. les dépenses sont fécondes, puisqu'elles tournent à la prospérité et à la grandeur du pays; elles peuvent aussi être considérées alors comme des placements de fonds. Il est également vrai (comme l'ont reconnu tous les économistes) que la richesse d'un pays se mesure bien moins à l'importance de son capital monétaire métallique qu'à l'activité plus ou moins grande de la circulation de ce capital, vérité que l'on a par-

faitement formulée en disant que la circulation multiplie les capitaux. Cette activité est
produite par les mouvements du commerce et
de l'industrie, et par la facilité des transports,
qui augmente la valeur des produits de la
terre en les mettant à portée d'un plus grand
nombre de consommateurs. La science éco-
nomique, dans les temps modernes, a révélé aux nations toutes les ressources matériel-
les que la Providence a mises à leur disposition pour améliorer l'état social ; c'est aux
hommes placés à leur tête qu'il appartient de
les utiliser. Elle leur a enseigné aussi que le
principal moteur de ces ressources fécondes est
le crédit ; que ce moteur, pour pouvoir imprimer
le mouvement, a besoin d'un point d'appui, et
que ce point d'appui est la confiance, qui vivifie
ainsi tous les agents de la production.

Ce point d'appui n'a pas manqué aux hommes
qui ont gouverné la France durant la seconde
période constitutionnelle ; aussi ne peut-on pas
dire que c'est par les finances que, cette fois,
le pouvoir monarchique a péri en France, puisque, quelque exagérées et immodérées qu'aient
été les dépenses, et quoique les budgets soldas-
sent toujours en déficit, on a pu y pourvoir par
le crédit. Et, en effet, quelques mois seulement
avant sa chute (en novembre 1847), l'Etat em-
pruntait sur la place de Paris 250 millions

contre de la rente 3 p. 0/0 à 75 fr. 25 c., c'est-
à-dire à un intérêt annuel moindre de 4 p. 0/0,
et négociait des bons royaux sur le pied de
3 p. 0/0 l'an ; l'Etat avait donc encore assez de
crédit pour se procurer l'argent dont il avait
besoin à un taux d'intérêt extrêmement modi-
que, auquel très peu de commerçants et de capitalistes pouvaient même espérer d'en obtenir. Aussi (nous ne saurions trop le redire),
la situation des finances publiques n'est-elle
pas la cause de la catastrophe qui, en 1848, a
fait périr la royauté en France ; la royauté
a péri parce qu'elle n'a pas toujours gouverné
le pays selon ses nouveaux intérêts, ses nouvelles idées et ses nouveaux besoins. Le pays
a été ébranlé, mais il conservait toute sa vita-
lité native, dont l'activité se trouvait accrue par
les progrès de l'esprit humain, et par l'expérience acquise dans le cours des soixante années qui s'étaient écoulées depuis le premier
ébranlement donné au principe monarchique.

A cette époque (février 1848), la situation financière de l'Etat se trouvait exposée par la loi
du 8 août 1847, qui porte fixation des budgets
des dépenses et des recettes de l'exercice 1848,
se balançant par un déficit de 64,230,000 fr. (1),

(1) Le ministre des finances, dans son rapport à l'Assemblée
nationale (séance du 22 juillet 1848), porte ce déficit à la somme
de 133,067,000 fr.

et autorise l'émission de bons royaux et un
emprunt de 350,000,000 par voie de négociation de rentes. Voici le détail de cette situation :

Service Ordinaire.

Dette publique.	384,346,191[*] »
Dotations.	14,922,150 »
Service des ministères. . .	731,355,104 »
Frais de régie, de percep- tion et d'exploitation des im- pôts et revenus publics. . . .	156,892,495 »
Remboursement et restitu- tion, non-valeurs, primes et escomptes.	74,185,730 »
Total du service ordinaire	1,361,681,670 »

Service extraordinaire.

Travaux régis par la loi du 25 juin 1841.	20,298,500 »
Travaux régis par la loi du 11 juin 1842.	64,230,000 »
Total général. . .	1,446,210,170 »

(*) Dans cette somme se trouve comprise la dette inscrite
pour 242,401,386 fr. de rentes 5, 4 1|2, 4 et 3 p. 100, en y com-
prenant 68 millions rachetés par la caisse d'amortissement.

La *dette flottante* s'élevait à cette époque à 602,716,247 fr., sans y comprendre les bons du trésor remis aux caisses d'épargne en é-change des sommes déposées.

C'est dans cette situation que la République a trouvé les finances de l'Etat. La succession qui lui était abandonnée était lourde; son poids devait nécessairement s'alourdir encore par les nouvelles charges que les circonstances impo-saient au pays, tandis que ces mêmes circonstances tarissaient momentanément les sources du revenu public. Mais les hommes aux mains desquels le peuple avait remis la direction de ses affaires avaient foi dans leurs idées et confiance dans l'avenir; l'amour de la patrie, le salut du pays, étaient les seuls sentiments, sans doute, qui les animaient: cette confiance, ces senti-ments leur inspirèrent le courage d'accepter purement et simplement cette lourde succes-sion. Moins confiants et moins courageux, ils ne l'eussent acceptée que sous bénéfice d'in-ventaire, puisqu'il s'agissait, pour la France, de subir les conséquences d'un fait auquel ils étaient étrangers; ils auraient ainsi proclamé la banqueroute de l'Etat au début du régime nouveau, en rejetant tout l'odieux de ce fait sur le gouvernement qui avait abandonné les rênes de l'Etat. La liquidation eût été plus facile, mais il était évident que ce parti extrême eût été plus funeste à la république qu'ils étaient chargés d'inaugurer : car, république ou monarchie constitutionnelle, l'Etat n'en était pas moins la France, et ses créanciers étaient toujours des citoyens français. La banqueroute de l'ancien gouvernement, déclarée par le nouveau, n'en eût pas moins toujours été la banqueroute de la France, qui aurait ruiné ces mêmes citoyens, régis par d'autres formes politiques, à la vérité, mais dont la République devait s'efforcer de captiver l'opinion.

La banqueroute ne fut donc pas déclarée, et l'on agit en cela sagement ; on avait compris que c'eût été mal inaugurer l'ère nouvelle que de lui donner pour début la banqueroute ; on aurait mal assis la république en la fondant sur des ruines. Pour en construire solidement l'édifice, il fallait de meilleurs matériaux, et les bons matériaux étaient encore abondants en France ; les trente-quatre ans écoulés depuis la chute du régime impérial avaient révélé leurs gisements ; il ne s'agissait que de les mettre mieux en œuvre que ne l'avait fait le précédent gouvernement.

On a dit fort judicieusement à ce sujet que *« réformer n'était pas démolir, et que démolir » n'était pas réformer. »*

Les premiers actes des hommes du pouvoir
parurent annoncer l'intention de marcher dans
cette voie, et le pays répondit loyalement à
cette intention; il se montra disposé à les se-
conder. Tous les honnêtes gens (et ils sont en
majorité en France) furent d'abord frappés de
stupeur : c'est le premier effet que devait produire sur eux une grande commotion politique
qui semblait devoir tout remettre en question
dans la société; le seul mot de *république* ré-
veillait des souvenirs effrayants; mais bientôt
rendus au libre exercice de leurs facultés, ils
comprirent que, dans une aussi grande con-
joncture, le salut commun exigeait le sacrifice
des opinions individuelles et le concours de
tous les efforts.

La république fut généralement acceptée
comme une forme politique qui résumait la
puissance collective du pays; comme une plan-
che de salut après le naufrage.

Il y avait de grandes douleurs dans le pays,
du doute, des craintes, des regrets même; mais
on y était dominé par le sentiment de la propre
conservation. Ce sentiment rallia les bons citoyens autour du nouveau pouvoir pour combattre l'anarchie qui levait audacieusement la
tête. L'esprit de parti n'existait qu'à l'état d'iso-
lement, car on est à peu près d'accord aujour-

d'hui, en France, sur le principe de la souveraineté. On admet généralement qu'elle réside dans l'agrégation nationale, dans l'universalité des citoyens qui en délèguent l'exercice, et l'immense majorité est convaincue que des prétentions à gouverner le pays par droit de naissance n'auraient aucune chance de succès et plongeraient le pays dans les plus grands malheurs. Ce n'était donc pas du côté de la *réaction* qu'était l'écueil contre lequel pouvait se briser le vaisseau de l'Etat. Cet écueil existait réellement dans l'exagération du principe démocratique qui avait triomphé en février, exagération qui ferait dégénérer la démocratie en démagogie. Et en effet, c'est de ce côté-là que la République a failli périr quatre mois seulement après son avénement : tant il est vrai que les meilleures choses sont perverties par l'abus que l'on en fait ! Le nouveau pouvoir n'avait pas su se tenir en garde contre cette funeste exagération ; préoccupé du sort de la classe ouvrière, il lui avait promis plus qu'il ne pouvait lui donner : il avait ainsi enflammé ses désirs et provoqué ses prétentions (désirs et prétentions qui devaient soulever des tempêtes), comme si, dans un état social quelconque, le sort de toutes les classes de la société n'était pas intimement lié, ainsi qu'on l'a fort ingénieusement formulé en disant *que la société est une voûte dont la force réside dans la solidarité de toutes les parties de l'édifice;* comme si l'on pouvait concevoir une société dont tous les membres fussent toujours dans une parfaite égalité de condition; comme si, enfin, cette condition elle-même n'était pas variable de sa nature, puisqu'elle est le résultat de causes qu'il n'est pas dans la puissance humaine de réglementer : bonheur ou malheur, intelligence plus ou moins développée, bons ou mauvais penchants, constitution forte ou faible, caractère prévoyant ou insouciant, conduite bonne ou mauvaise, bon ou mauvais jugement, aptitude, talent, habileté, toutes choses qui influent sur les destinées de l'homme; et cependant l'homme, dans son orgueil, accuse le sort de lui avoir été contraire, lorsque, la plupart du temps, c'est lui-même qu'il devrait accuser de son malheur !

Ne reçoit-il pas la vie à la condition tacite d'en éprouver toutes les vicissitudes ?

N'est-on pas, en effet, riche ou pauvre selon les accidents de la vie, selon qu'on a été laborieux ou fainéant, habile ou ignorant ? Ou bien la richesse, ou seulement le bien-être, seraient-ils des états immuables ?

On a fait espérer à l'homme qui doit attendre ses moyens d'existence du travail de chaque jour, et qui, cependant, ne travaille pas, un bien-être égal à celui de l'homme qui travaille ou qui, après avoir travaillé, jouit, dans le repos, du fruit de son travail, de son bonheur ou de sa bonne conduite; sous le prétexte ou dans l'intention louable d'organiser le travail on a, en réalité, organisé l'oisiveté; on a offert une prime d'encouragement à la paresse, à l'inconduite; on a inventé le *droit de vivre sans travailler*, que l'on a déguisé sous la dénomination de *droit au travail*, dogme qui, prêché à des esprits incultes, fait planer sur ceux qui possèdent une menace continuelle de spoliation, et qui se traduit par ces mots : prendre à ceux qui ont pour donner à ceux qui n'ont pas.

Ce leurre, jeté en pâture aux mauvaises passions, entretenu par des théories abstraites, mais spécieuses (sauvages même, comme les a justement qualifiées M. le ministre des finances), par des doctrines anti-sociales, par d'audacieux sophismes qui soufflent le feu de la guerre civile, a provoqué les attentats qui ont menacé la propriété, résultat du travail. Et en effet, la prétention à ce nouveau droit s'est d'abord formulée par la demande d'une augmentation de salaire et d'une diminution dans la durée du travail. Comment, d'ailleurs, ce prétendu droit pourrait-il être exercé équitablement lorsqu'on n'a pas besoin de travailleurs? Le travail rétribué a-t-il jamais été refusé à l'ouvrier qui le demandait à des conditions raisonnables, lorsqu'on a eu besoin de lui et qu'on a pu le payer? Mais si par *droit au travail* on entend le *droit d'exiger du travail* avec salaire, alors on tombe dans l'absurde, parce que, avant de l'exiger ainsi, il faut qu'il y en ait et qu'il y ait possibilité de le rémunérer ; et, par cette exigence, on fait violence à la liberté individuelle.

Le chômage est la plaie du travailleur, mais l'économie sur les fruits du travail est un moyen certain de la guérir, et les caisses d'épargne sont établies pour conserver et faire fructifier l'économie. Si ce moyen est insuffisant, la sollicitude du gouvernement pourvoira à l'insuffisance.

Un autre dogme, non moins absurde, appliqué à notre civilisation, est celui que l'on a formulé par ces mots : *Exploitation de l'homme par l'homme*, qui est tout au plus applicable aux pays à esclaves : car toutes les maximes philosophiques ou philanthropiques n'empêcheront pas que le faible, le niais, l'ignorant, le vicieux, ne subissent la loi du fort, de l'habile, du rusé, du laborieux, de l'économe.

Si, dans une autre hypothèse, on entendait le

droit au travail par le *droit du travail*, cette énonciation exprimerait une chose juste, mais elle serait complétement inutile en présence de nos lois qui protégent le travailleur et lui garantissent le fruit de son travail, qui est sa propriété. Ainsi le *droit du travail* n'est autre chose que le droit de propriété appliqué au travail, tandis que le *droit au travail* implique le droit de l'exiger, et peut dégénérer en attentat à la propriété.

Le travail, en outre de ce qu'il procure à l'homme la satisfaction de ses besoins, est encore un préservatif contre l'ennui et les vices qu'engendre l'oisiveté; il est aussi la meilleure garantie de l'ordre social, parce qu'il intéresse l'homme au maintien de cet ordre.

Les novateurs n'avaient pas réfléchi, sans doute, que le travail dépend de la volonté de l'homme; que, si l'homme ne veut pas travailler, il est superflu qu'il en ait le droit, et qu'on peut au moins douter qu'il le veuille, s'il est certain de pouvoir vivre sans travailler; que, d'un autre côté, l'homme est ainsi fait que, si on lui conteste la jouissance d'un droit naturel ou légal, il est tout prêt à le défendre au péril de sa vie; tandis que, s'il peut en jouir librement, il cesse d'en être jaloux, et en abandonne la jouissance pour peu qu'elle lui cause du dérangement; témoin ce qui se passe à l'occasion de l'exercice du droit électoral, de celui d'assistance et de vote aux assemblées publiques et privées, et enfin du jury, où l'exercice d'un droit politique, exigé dans l'intérêt public, n'a pu être assuré que par des amendes pécuniaires.

Sans doute aussi les novateurs n'ont pas réfléchi que les masses dont ils voulaient améliorer le sort sont incapables de porter un jugement éclairé sur leurs théories; qu'elles sont toujours disposées à accueillir, sans examen, ce qui flatte leurs passions, et qu'il est impossible de maîtriser les passions lorsqu'elles ont dégénéré en folie; qu'on ne saurait organiser ce qui n'existe pas : d'où il suit qu'avant de s'occuper d'organiser le travail, il faut s'occuper de le créer, et que ce n'est pas en ébranlant les bases sur lesquelles repose la société, depuis l'origine de la civilisation, que l'on pouvait espérer d'y parvenir. Et en effet, le fabricant, le manufacturier, ne feront pas travailler s'ils n'ont la certitude ou seulement l'espoir de vendre leurs produits; et pour qu'ils puissent les vendre, il faut des acheteurs; pour qu'il y ait des acheteurs, il faut que les capitaux circulent, et ils ne circuleront pas tant qu'on pourra craindre d'en être dépouillé. La seule manière d'organiser le travail est donc d'inspirer la confiance.

Cet ébranlement social a provoqué les satur-
nales de la multitude, qui ont failli faire périr la
République à sa naissance, en la noyant dans le
sang de ses plus chers enfans : tant il est vrai
qu'il est difficile de faire rentrer le flot popu-
laire dans son lit lorsqu'on a brisé les barriè-
res ! Une leçon si chèrement achetée ne pouvait pas rester sans fruit ; l'attitude de l'Assemblée nationale émanée du suffrage universel
nous en donne l'assurance, de même que ses
votes sur les questions fondamentales nous
prouvent que le pays, dont elle est la parole vi-
vante, ne veut pas de démagogie. Les mesures
que cette Assemblée a prises après la victoire
de l'ordre sur le désordre, sont des gages cer-
tains de ses bonnes intentions ; elle a confié
l'exécution de ses volontés à des mains fermes,
habiles et honnêtes. Nous pouvons donc espérer que la France sortira avec honneur de la
crise financière qui nous menaçait depuis long-
temps et que la révolution de février a fait écla-
ter, car, pour atteindre ce but, les hommes
qu'elle a mis à la tête des affaires ont à leur
disposition les ressources immenses que leur
offre le pays : activité d'esprit, habileté, expérience, capitaux, tous ces éléments de succès
existent en France à l'époque actuelle plus
qu'à aucune autre époque ; il ne s'agit que de
les mettre en œuvre ; et l'on ne saurait se dis-

simuler qu'ils ne seront qu'une matière inerte tant que les esprits ne seront pas complétement rassurés, après avoir été si justement effrayés par le dévergondage des idées, prétendues sociales, répandues sans frein par la mauvaise presse et les orateurs des sociétés populaires (1), qui ont mis la propriété en question et ont ainsi profondément ébranlé l'ordre social en France, idées dont, malheureusement, les premiers actes du pouvoir intérimaire ont paru subir l'influence. On ne peut, en effet, appliquer l'esprit aux affaires lorsqu'on a lieu de craindre pour la vie et la propriété ; pour que l'une et l'autre soient garanties, il faut que l'autorité gouvernementale et sa surveillance se fassent sentir et se montrent partout. C'est donc à rassurer les esprits que doivent viser les hommes qui sont actuellement au pouvoir, car les désordres de la place publique engendrent la lassitude et le découragement, tandis que les ambitieux ne se découragent jamais.

Il est juste de reconnaître que des progrès ont été faits dans la bonne voie; mais il n'y a encore que quelques jours qu'on y est entré, et l'ébranlement moral avait été profond. Qu'on ne s'étonne donc pas de l'hésitation qui

(1) Il paraissait alors chaque matin, à Paris, 40 à 50 journaux; et cent cinquante clubs se réunissaient chaque soir.

peut encore exister dans les esprits ; que l'on continue à marcher d'un pas ferme dans cette voie de salut, et nous prédisons que le pouvoir trouvera bientôt, dans la confiance du pays, tout le concours dont il a besoin.

On peut affirmer aussi que le concours de l'Etranger ne lui manquera pas : car on ne saurait méconnaître qu'il y a aujourd'hui conformité de principes politiques chez presque toutes les nations, et un besoin universel de sécurité, de travail et de production ; que cette conformité de principes et de besoins est un gage certain du maintien de la paix entre les nations, puisqu'elle est une garantie contre l'esprit de conquête et contre les prétentions, les caprices ou les intérêts de famille des gouvernants. Les nations ont désormais l'initiative de la guerre, puisqu'il dépend d'elles de donner ou de refuser les moyens de la faire ; et, d'un autre côté, ainsi qu'on l'a dit avec raison, *l'épée est impuissante pour triompher des idées*. Il suit de là que nous pouvons à bon droit espérer que les capitaux étrangers afflueront chez nous sous le régime républicain, comme ils y ont afflué sous le régime constitutionnel, lorsque, comme nous, les Etrangers seront convaincus de la loyauté et de la stabilité du nouveau régime.

Parmi les divers moyens proposés pour liquider les dettes de l'Etat et pourvoir à l'insuffisance momentanée du revenu, celui qui devait être d'abord employé est incontestablement de consolider la majeure partie de la dette flottante, qui pèse trop lourdement sur nos finances, en inscrivant au grand-livre de la dette publique consolidée une rente perpétuelle correspondant au capital des bons du trésor qui la représentent, et de négocier ensuite sur la place une somme suffisante de rente, pour, à l'aide de cette négociation, mettre en équilibre le budget de 1848. Ce moyen était indiqué par la situation, puisqu'il n'est plus possible de rien demander à l'impôt foncier, et que l'emprunt forcé est justement réprouvé. Il s'adapte d'ailleurs parfaitement à nos habitudes financières et à celles de nos voisins, dont les capitaux peuvent encore venir à notre secours. On doit aussi le préférer parce qu'il est juste que l'avenir, qui profitera des sacrifices énormes imposés au présent, supporte une partie de ces sacrifices; et il doit l'être encore parce que, en fait de finances publiques, rien n'est plus dangereux que l'Etat se trouve placé sous le coup d'une dette exigible hors de proportion avec ses ressources ordinaires, ou de donner un cours forcé à un signe représentatif quelconque qui n'a pas de valeur intrinsèque ; en d'autres termes, de créer un *papier-monnaie* dont il est si facile d'abuser, et dont l'abus est toujours ruineux : car, on ne saurait trop le redire, la confiance ne se commande pas, et le crédit, dont elle est la source, est incompatible avec la crainte et rebelle à la force.

Au moment où nous achevons ces lignes, nous lisons dans le *Moniteur* le projet que **M.** le ministre des finances a présenté à l'Assemblée nationale, et que cette Assemblée a adopté et converti en décret, dans sa séance du 25 juillet dernier ; nous nous sommes réjoui de voir que nos prévisions se sont réalisées, car, quelles que soient les critiques que ce plan financier provoquera (et il faut bien s'y attendre par le temps qui court), il n'en révèle pas moins dans les hommes qui nous gouvernent actuellement la ferme et loyale intention de tenir tous les engagements du pays ; il atteste aussi la conviction qu'ils ont de ne pouvoir les tenir qu'à la faveur de la confiance publique, à laquelle ils ne sauraient prétendre qu'à la condition de raffermir la société sur ses antiques bases, si profondément ébranlées par la négation des principes sociaux inspirés par la raison et sanctionnés par le temps ; à savoir : la liberté et la sûreté individuelles, la famille, le respect de la propriété et des contrats, l'autorité de la loi et de la morale.

En effet, tous les discours, tous les actes du gouvernement, depuis la terrible secousse que ces bases ont éprouvée le 24 juin dernier ; le noble langage du Président du Conseil, portent l'empreinte des plus louables intentions ; et déjà, à deux mois de distance seulement de ces jours néfastes où la société entière a failli périr par un cataclysme, nous voyons reparaître la confiance sous l'inspiration de ces actes, ce qui est incontestablement prouvé par les situations que la Banque de France publie régulièrement chaque semaine depuis la révolution, et par le patriotique empressement avec lequel cet établissement particulier a ouvert ses caisses pour venir en aide à celles de l'Etat, ainsi que par la facilité avec laquelle le ministre des finances a réalisé l'emprunt. La confiance ne demandait qu'à revenir, il fallait seulement l'y encourager ; il s'agira plus tard de la captiver, car elle est craintive de sa nature et s'effarouche facilement.

C'est ainsi que le ministre des finances de la République a pu dire avec vérité, le 22 de ce mois, aux Représentants de la nation que, quoiqu'il lui fallût encore, après avoir emprunté 200 millions à la Banque de France contre des garanties, 250 millions pour équilibrer, avec le budget des recettes de 1848, le budget rectifié des dépenses, s'élevant à 1,680,222,206 fr., en y comprenant toutes les sommes votées depuis la révolution de février, il n'avait besoin, cependant, de demander au crédit que 200 millions, et qu'il avait la certitude de les obtenir à un intérêt modéré, en négociant sur la place 13,131,500 fr. de rente perpétuelle 5 p. 0/0 à 75 fr. 25 c., tandis qu'il avait la conviction qu'il compromettrait l'opération s'il demandait un prix plus élevé ; qu'il pensait que cette opération était plus praticable en 5 qu'en 3. p. 0/0, parce que généralement les rentiers préfèrent le 5 p. 0/0 , et que d'ailleurs le grand-livre était déjà chargé d'une trop grande somme de 3, par suite de la consolidation des bons du trésor. Le ministre a dit en même temps qu'il était sans inquiétude pour l'année 1849, dont les dépenses, estimées à 1,527,965,870 fr., s'équilibreraient avec les recettes présumées, au moyen des économies qu'il propose et des ressources qu'il indique.

Personne dans l'Assemblée n'a pu douter que la situation financière de la France , ainsi placée sous les yeux de ses Représentants, ne fût sincèrement exposée , car tout le monde était à portée d'en vérifier l'exactitude; et cette sincérité devait faire naître l'espérance au fond de tous les cœurs , car elle reposait désor-

mais sur des réalités, et non sur des fictions.
En effet, avant d'avoir sondé la plaie et de
l'avoir montrée à nu, le ministre avait fait jus-
tice de l'exagération des ressources étalées par
ses prédécesseurs et des moyens chimériques
qu'ils avaient proposés pour guérir cette plaie,
moyens empreints des principes économiques
de l'école des socialistes modernes. Appréciant
au vrai les besoins et les ressources du Trésor dans les circonstances actuelles, il a proposé les seuls moyens raisonnables d'en faire
usage; il a dit que les finances de la République, au moyen de la consolidation des bons
du trésor et des fonds des caisses d'épargne,
seraient désormais exonérées de l'énorme *dette
flottante* qui lui avait été léguée par le gouvernement constitutionnel; que cette dette,
exigible de sa nature, était le plus grand em-
barras pour les finances d'un pays, lorsqu'elle
avait atteint, par sa trop grande élévation, des
proportions qui excédaient les besoins de la
circulation du signe monétaire; et que celle
dont il s'agit, grossie des dépenses faites sans
affectation de voies et moyens (qui s'élevait à
956 millions, en y comprenant les sommes
empruntées aux caisses d'épargne), était, le 15
juillet, après la consolidation des bons du trésor et les remboursements, de 290 à 300 mil-

lions, somme qui ne dépasse pas le chiffre de la dette exigible, autrement dite *dette flottante*, que les forces financières du pays lui permettent de supporter, en attendant la rentrée de ses revenus ordinaires, puisqu'elle est en grande partie représentée par les versements des communes, des établissements publics, de la caisse des consignations, des receveurs généraux, etc., pour lesquels il n'y a pas lieu à exigibilité immédiate.

La dette flottante, qui représente le passif des caisses du trésor public, maintenue dans des limites raisonnables, est d'un grand secours au service journalier du trésor; elle est pour lui, en quelque sorte, une monnaie supplémentaire, au moyen de laquelle il pourvoit aux découverts provenant de ce que les dépenses s'effectuent à des époques prévues et invariables, tandis que les recettes éprouvent toujours quelque retard. Les bons du trésor, qui représentent cette dette et en sont le signe monétaire circulant, procurent en même temps aux capitalistes et aux banquiers qui veulent conserver leurs fonds constamment disponibles des placements à courts termes aussi sûrs que le commerce pourrait leur en offrir. Le trésor fait ainsi l'office d'une banque pour ses propres besoins.

Le ministre a donné ensuite à connaître que, quoiqu'il pût paraître illusoire d'espérer trouver des souscripteurs pour un nouvel emprunt dans les circonstances actuelles et en présence d'un grand-livre déjà chargé d'une dette inscrite de 242,401,386 fr. de rentes de diverses natures (auxquels il faudra ajouter au moins 30 millions après l'emprunt placé, la dette flottante consolidée, quelques chemins de fer rachetés et les caisses d'épargnes remboursées), il avait cependant la certitude de pouvoir le réaliser en s'adressant aux porteurs des titres du dernier emprunt négocié en novembre 1847 par le gouvernement déchu, et il a affirmé que le placement en était presque assuré (1) au taux de 75 fr. 25 pour 5 fr. de rente (en réservant, selon l'usage, sur le produit, 1 pour 100 pour l'amortissement), si l'Assemblée nationale consentait à annuler le précédent emprunt et à renoncer au droit que l'Etat aurait de le retenir, attendu que, depuis la révolution de février, les contractants ont cessé de faire, au trésor public, les versements auxquels ils étaient tenus par le contrat

(1) Cet emprunt est aujourd'hui réalisé. Le *Moniteur* du 14 août a publié le procès-verbal qui le constate. Ce procès-verbal a été dressé au ministère des finances le 12 août, à minuit, terme du délai fixé par le ministre pour la présentation des souscriptions.

d'emprunt ; lesquels versements, à l'expiration du contrat (7 novembre 1849), se seraient encore élevés à 167,000,000 fr. Cette renonciation se réaliserait au moyen de l'admission, comme à-compte de paiement du nouvel emprunt, des certificats de rente 3 pour 100, qui formaient le dépôt de garantie de l'emprunt précédent, devenus sans valeur entre leurs mains.

Le ministre des finances demandait encore à être autorisé à livrer aux contractants du nouvel emprunt les nouvelles inscriptions en 5 pour 100, à la jouissance du 22 mars dernier, et à en fixer le cautionnement à 17 1[2 pour 100 du capital ; il demandait enfin qu'un délai d'un an, échelonné mois par mois jusqu'au 20 juillet 1849, fût accordé pour compléter le versement du prix de 13,131,500 fr. de rentes ainsi négociées.

Le ministre n'a pas dissimulé que les avantages qu'il proposait de faire aux prêteurs diminuaient de 10 fr. le prix de 75 fr. 25 cent., ce qui établissait en réalité à 65 fr. 25 cent. le prix de la négociation, et faisait ressortir le taux de l'intérêt de la somme empruntée à 7 fr. 66 c. p. 100 ; il a franchement déclaré qu'il ne voyait pas d'autre combinaison qui pût faire réussir un emprunt dans les circonstances actuelles, et il a fait remarquer, en même temps, que l'abandon de l'ancien cautionnement n'appauvrissait réellement pas l'Etat, puisque là somme qu'il représente existe dans la caisse du trésor public; que ce n'était pas une restitution qu'il s'agissait de faire aux prêteurs, quoiqu'ils eussent pu la revendiquer pour cause de force majeure, mais que c'était un sacrifice que s'imposait l'Etat en échange d'un service.

Il n'a pas dissimulé non plus que cette ressource serait insuffisante pour maintenir en équilibre le budget de 1848, si l'Assemblée ne s'interdisait, de la manière la plus expresse, de voter de nouvelles dépenses, et si elle ne se résignait à ajourner l'abolition de l'impôt du sel et de celui des boissons, prématurément proclamée par le gouvernement intérimaire, et à consentir, au moins pour cette année, avec des modifications convenables, l'impôt dont ce gouvernement a frappé les créances hypothécaires. A l'égard de cette nouvelle branche de produit, le ministre a déclaré nettement que, dans sa pensée, le principe en était équitable, et qu'il avait la conviction que l'État pourrait y puiser de grandes ressources pour l'avenir en l'appliquant aux revenus de toute nature. Il paraît juste, en effet, que tous les produits, tous les revenus quelconques du sol et de l'industrie, toutes les valeurs, èn un mot, concourent aux charges de l'Etat dans des mesures convenables et relatives, calculées de manière que la production ne soit pas rallentie, que les consommations ne soient pas diminuées, que le crédit public et privé ne soit pas compromis, et que les transactions industrielles et commerciales n'en souffrent pas.

Nous ferons seulement remarquer, à ce propos, qu'il en est de ce projet (dont l'idée d'ailleurs n'est pas nouvelle) comme de beaucoup d'autres, fondés sur des théories séduisantes inspirées par des sentiments honorables, mais qui peuvent difficilement subir l'épreuve de l'application.

Nous ne contestons pas que la mesure puisse être juste, mais nous nous permettons le doute sur la possibilité de la mettre à exécution d'une manière équitable, en l'appliquant à la généralité des revenus, car on remarque tant d'incohérence, tant de contradictions dans les résultats des calculs qui ont été faits pour évaluer le revenu total du pays (calculs qui diffèrent entre eux de plusieurs milliards), qu'on est forcé de reconnaître que l'assiette de cet impôt ne saurait être établie dans toute la rigueur des principes qui doivent présider aux actes du pouvoir.

Et si l'on considère qu'en Angleterre, où ce genre d'impôt est appliqué sous la dénomination d'*income-tax*, l'expérience a démontré qu'il est impossible de l'asseoir d'une manière certaine et parfaitement équitable, on se voit forcé de douter que l'on puisse y parvenir en France.

En Angleterre, en effet, l'*income-tax*, après avoir été alternativement supprimé et rétabli comme ressource temporaire, n'a, dit-on, d'autre base que la déclaration des contribuables et d'autre garantie que le contrôle du gouvernement, qui taxe d'office les récalcitrants et ceux dont il suspecte la sincérité, leur laissant la faculté de prouver que la taxe officielle est erronée; cette manière de procéder par preuve négative ou contraire ne nous paraît pas praticable d'une manière rigoureusement juste.

Nous nous permettrons encore une observation sur ce projet de soumettre à l'impôt tous les revenus quelconques; cette observation touche précisément à la question vitale du moment, *la reconstitution du crédit public*. L'impôt dont il s'agit atteindrait nécessairement la rente sur l'Etat; il tendrait ainsi à en faire baisser, sur la place, le prix vénal, qui est le signe auquel le public a coutume de mesurer le crédit de l'Etat; il nuirait au classement de la rente, car il faut bien reconnaître que l'avantage de se soustraire aux charges publiques, par ce mode de placement, a attiré beaucoup de fonds au trésor public, et on ne doit pas perdre de vue que c'est précisément dans cette intention que le législateur a accordé cet avantage et qu'il y a ajouté, en même temps, celui de rendre insaisissable ce genre de propriété. On provoquerait donc ainsi au déclassement dans un moment où, plus que jamais, l'Etat a besoin d'attirer à lui les capitaux particuliers.

Le plan de finances exposé par M. le ministre n'a trouvé que peu de contradicteurs dans l'Assemblée nationale. Quelques uns ont pensé que l'on pourrait emprunter à un intérêt moins onéreux, en négociant du 3 pour 100 de préférence au 5 ; c'est une erreur, car l'intérêt annuel du capital emprunté par voie de négociation de rente sera toujours le même, quelle que soit la dénomination de la rente 5, 4, 4 et demi ou 3 pour 100, attendu que les cours des différents fonds se maintiennent toujours en parité, sauf les causes particulières qui agissent sur eux, ce qui est attesté par le bulletin de la Bourse. Et en effet, la parité du cours de 75.25, pour le 5 pour 100, est 45 15 pour le 3 pour 100, c'est-à-dire qu'en négociant 5 fr. de rente 3 p. 100 à 45 fr. 15 c. on obtient un capital de 75 25 comme si l'on négociait, à 75 25, cinq francs de rente constituée en 5 p. 100 ; dans l'un et l'autre cas c'est toujours

5 fr. de rente à servir chaque année, et le capital emprunté supporte un intérêt annuel de 6 fr. 65 c. p. 100, et, quoique l'Etat ne soit pas obligé de rembourser la rente (puisqu'elle est constituée à perpétuité, et que, d'ailleurs, l'amortissement est destiné à l'éteindre); cependant, s'il lui convenait de la rembourser, il devrait la rembourser au pair, et, dans ce cas, le porteur d'un titre de 5 fr. de rente constituée en 5 p. 100 n'aurait à recevoir que 100 fr., tandis que le porteur d'un titre de 5 fr. de rente constituée en 3 p. 100 aurait à recevoir 166 fr. 66 c. : d'où il suit que, lorsque l'Etat est dans la nécessité d'emprunter par voie de négociation de rentes perpétuelles, il doit émettre de préférence des rentes à un taux de création élevé, et ne jamais négliger d'accroître la dotation de l'amortissement proportionnellement à la somme empruntée. Le classement du 5 p. 100 s'opère d'ailleurs plus facilement que celui du 3 p. 100 tant que les cours n'ont pas dépassé le pair, parce que les rentiers le préfèrent; ils l'abandonnent quand les cours ont dépassé le pair, parce qu'ils craignent alors le remboursement au pair. De leur côté, les spéculateurs l'abandonnent aussi, parce que, dès ce moment, ce fonds perd de l'élasticité sur laquelle se fondaient leurs opérations, et se trouve privé du secours de

l'amortissement. Il n'y aurait donc eu aucun avantage pour l'Etat à négocier du 3 de préférence au 5 dans la circonstance dont il s'agit ; il y en aurait eu réellement si les souscripteurs eussent accepté du 3 pour 100 à 46, par exemple, en même temps qu'on leur offrait du 5 à 75 25 ; mais les financiers savent trop bien calculer pour qu'on pût espérer d'eux cette préférence ; la parité des cours a cessé d'exister entre les deux fonds dès que le 5 a dépassé le pair : le 3, qui conservait son élasticité parce qu'il était resté au dessous du pair, s'est élevé rapidement, tandis que le 5 restait à peu près stationnaire ; et, pour n'en citer qu'un exemple, on rappellera qu'en octobre 1846 le 3 a été coté 82 90, tandis que le 5 l'était à 117 85. La parité entre ces deux cours est 138 17, ce qui prouvait évidemment que le 5 était abandonné par les spéculateurs, et que ceux-ci se portaient vers le 3 pour 100, sur lequel se concentrait désormais toute l'action de l'amortissement.

Les spéculateurs à la hausse avaient abandonné le 5, parce que ceux-ci n'achètent que pour revendre, dans l'espoir de le faire avec bénéfice ; ils préfèrent le fonds qui est au dessous du pair, parce que, les cours suivant ordinairement le progrès du crédit de l'Etat, il y a plus de chances de hausse sur un fonds éloigné du pair que sur celui qui l'a dépassé.

Les souscripteurs d'un emprunt ne se chargent pas d'une pareille masse de rentes pour rester rentiers; le voulant même, ils ne le pourraient pas pour d'aussi grosses sommes : ils n'achètent que pour revendre avec profit, s'ils le peuvent; en d'autres termes, ils spéculent sur les cours de la rente , et, en agissant ainsi, ils agissent dans l'intérêt de l'Etat, puisque leur spéculation est évidemment à la hausse du crédit de l'Etat. C'est ainsi que , lorsqu'ils combinent leurs opérations, ils préfèrent toujours le fonds qui est le plus éloigné du pair; s'ils gagnent de l'argent à opérer ainsi, nous devons nous en réjouir au lieu de le leur envier, car l'Etat y gagne aussi par l'élévation de son crédit, dont la progression ascendante des cours de la rente est le signe évident. Et cette élévation progressive des cours, qui atteste la baisse de l'intérêt des capitaux (élévation qui s'est soutenue pendant trente-quatre ans et a dépassé toutes les prévisions), a été produite par la spéculation sur les fonds publics, laquelle vient ainsi en aide à la confiance publique; cette spéculation ne pourrait s'exercer sur une grande échelle sans le secours du marché à terme. C'est ainsi , grâce à la

bonne organisation de la Bourse de Paris ,
qu'environ 155 millions de rente émis par l'Etat
depuis 1816 (en y comprenant les 30 millions
des émigrés) , ont pu se classer chez les
rentiers ; classement , nous le répétons , qui
aurait été impraticable si l'on eût entrepris de
vendre au comptant cette masse considérable
de rente : d'où la conséquence que l'Etat se serait vu forcé de déclarer sa banqueroute ; on
peut en conclure encore que , pour attirer les
capitaux , il faut leur offrir des avantages cer-
tains.

La spéculation sur les fonds publics aide au
classement de la rente , tout en en soutenant le
prix ; il en est de même de la spéculation sur
les denrées et les marchandises : par ce moyen,
celles-ci peuvent arriver aux consommateurs à
des prix modérés , et en des quantités propor-
tionnées aux besoins. Il en est encore ainsi des
grandes fournitures aux armées : les munition-
naires généraux s'enrichissent quelquefois à la
faveur des sous-traités ; mais l'Etat assure par
ce moyen un service qui doit sauver la patrie,
et il l'assure à des conditions toujours moins
onéreuses que s'il s'adressait directement aux
producteurs de denrées , qui, d'ailleurs, ne
peuvent jamais lui offrir autant de garanties.

Les contradicteurs du ministre ne réfléchissaient pas que, lorsqu'on est dans la nécessité d'emprunter, quelle que soit la confiance qu'on puisse inspirer, on n'est pas maître du taux de l'intérêt : on doit subir la loi du prêteur, et l'on doit s'estimer heureux de trouver de l'argent à un intérêt raisonnable ; que c'est la circulation des capitaux et la hausse du crédit de l'Etat qui fait baisser le taux de l'intérêt dans les transactions privées et alimente ainsi le travail; qu'en abaissant le taux de l'intérêt transactionnel, on détruit l'usure et l'on permet à l'industrie nationale de livrer ses produits à meilleur marché , et de faire ainsi concurrence à l'industrie étrangère; et enfin , qu'au lendemain d'une révolution qui a mis tout en péril , il est naturel que cette circulation se soit ralentie. Au lieu de se plaindre d'un intérêt de 7 3/5 p. 0/0, ils auraient dû s'étonner qu'il ne fût pas plus élevé. Quant à nous, nous avouons ingénument que nous n'espérions même pas que la France , encore tout étourdie du coup de foudre qui a fait éclore la république, pût trouver sitôt à emprunter chez elle les capitaux considérables dont elle a besoin pour reconstituer son crédit; car nous n'avons pas oublié que, dans des circonstances bien moins graves , la Restauration a fait son premier emprunt en 5 p. 0/0 à 58 fr. 35 c. (ce qui établit l'intérêt annuel de la somme empruntée à 8 fr. 57 c. p. 0⁄0 , sans tenir compte du coupon abandonné et des facilités de paiement), et que la Ville de Paris a fait son premier emprunt à 9 p. 100 l'an.

Les contradicteurs auraient dû se souvenir aussi que cet emprunt de la Restauration fut réalisé, en 1816, par des capitalistes étrangers, à défaut de capitalistes français, et que le ministre des finances de cette époque (M. Corvetto) ne put le réaliser que parce que, ayant foi dans l'aphorisme « *qui paie ses dettes s'enrichit* », il avait hautement proclamé que la France tiendrait tous les engagements du précédent gouvernement, et parce que l'Etranger eut foi en cette honorable déclaration. Ils auraient dû se souvenir encore que plus tard, lorsque l'opposition reprocha cette opération au ministre des finances au lieu de lui donner les éloges qu'il méritait pour n'avoir pas désespéré du salut de la France et pour lui avoir épargné la honte d'une banqueroute, il lui répondit que , « *si les* » *capitaux français s'étaient présentés, il les eût* » *sans doute préférés, mais que, ces capitaux ne* » *se présentant pas, il n'en fallait pas moins sau-* » *ver l'honneur de la France.* »

La partie du plan ministériel relative à l'impôt sur les créances hypothécaires a été rejetée par le comité des finances, ou, pour être plus exact, l'Assemblée nationale ne l'a admise qu'avec des modifications qui ont déterminé le ministre à retirer sa proposition, sous la réserve de présenter incessamment un projet complet d'impôt sur le revenu, pour l'année 1849.

Le ministre a donné encore à connaître à l'Assemblée qu'il ne partageait pas les idées de ses prédécesseurs sur les ressources que les finances de l'Etat pourraient obtenir de l'expropriation des compagnies de chemins de fer, et qu'il s'était arrêté au parti de respecter les contrats, et de traiter (1) à l'amiable avec celles de ces compagnies qui y seraient disposées, afin que le pays ne fût pas privé, par leur impuissance, du bienfait qu'il attendait de la construction de ce moyen rapide de communication.

Dans sa séance du 21 juillet dernier, l'Assemblée nationale a donné son approbation au projet d'emprunt de M. le ministre des finances, et l'a converti en décret.

De tout ce qui précède, je conclus :

1° Que, quelque lourde que soit la charge fi-

____

(1) Depuis lors, le ministre a conclu avec la compagnie du chemin de fer de Paris à Lyon un traité par lequel l'Etat prend à sa charge l'achèvement de ce chemin. Ce traité, approuvé par l'Assemblée nationale, concilie l'intérêt de l'Etat avec celui des actionnaires ; il leur laisse la faculté de continuer leurs versements, et, pour les y déterminer, leur offre un avantage qui est une nouvelle preuve de son habileté et de son équité.

nancière qui pèse sur la République à son avénement, la France est en état de la supporter, parce qu'elle n'est pas au dessus de la force contributive et de la richesse du pays;

2° Que les ressources qui doivent lui en donner le moyen ont été appréciées dans la limite du possible par M. le ministre des finances, et seront facilement exploitées à la faveur des mesures qui déjà ont été prises, et de celles que l'Assemblée nationale paraît disposée à prendre ;

3° Qu'il est hors de doute que le crédit réponde à l'appel (1) qui lui est fait par l'Etat, si rien ne vient altérer la confiance inspirée par les actes émanés de l'Assemblée nationale (confiance sur laquelle il repose); si le pays continue à être sans crainte sur sa tranquillité, et surtout s'il n'est pas engagé dans une guerre à l'Etranger, ce qui dérangerait l'économie du budget, et priverait le pays de l'appui de la force qui est encore indispensable au maintien de l'ordre intérieur, sauvegarde de la liberté;

4° Que l'on peut espérer que la tranquillité intérieure ne sera plus troublée, parce que la volonté du pays exprimée par le suffrage uni-

____

(1) Le pays y a répondu plus tôt qu'on n'avait osé l'espérer, car ces lignes étaient à peine achevées que l'emprunt était réalisé.

versel est de maintenir en France la société sur les bases sacrées de la liberté et de la sûreté individuelles, de la propriété, de la famille, de la fidélité aux engagements et du respect des contrats ; volonté qui se manifeste d'une manière éclatante par la composition de l'Assemblée nationale; par le noble élan avec lequel les populations départementales se sont portées sur Paris pour y combattre l'anarchie dans les funestes journées de juin et par le résultat des récentes élections municipales ; parce qu'enfin le pays est assez puissant pour faire respecter sa volonté;

5° Que la facilité avec laquelle le ministre des finances a fait accepter sa combinaison relative à l'emprunt par les capitalistes et les représentants de la nation offre une preuve évidente de son habileté et de la droiture de ses intentions, et, en même temps, est un témoignage authentique du bon esprit qui anime l'Assemblée nationale ;

6° Que cette ingénieuse combinaison était le seul moyen praticable, dans les circonstances actuelles, pour faire réussir l'emprunt, et que les conditions proposées ne doivent pas paraître trop onéreuses, si l'on prend en considération ces mêmes circonstances ; que, d'un autre cô-

té, si le ministre avait eu recours à des souscriptions volontaires pour le placement des
rentes votées, sans y attacher un avantage qui
pouvait compenser les chances, il eût été fort
à craindre, d'après l'épreuve déjà faite de ce
moyen, qu'il n'eût pas mieux réussi cette
fois-ci;

7° Qu'en abandonnant le projet d'exproprier
les compagnies de chemins de fer, et s'arrê-
tant au parti de traiter à l'amiable avec celles
de ces compagnies qui sont dans l'impuissance
de continuer leur entreprise, pour en charger
l'Etat, le ministre a proposé le seul moyen qui
pût être pratiué, en conciliant la raison et l'é-
quité avec l'intérêt du pays;

8° Enfin, que ce premier pas vers la reconstitution du crédit public en France était le
plus difficile à faire, et qu'il a été fait avec habileté et bonheur.

Le rapporteur du comité des finances a dit
avec raison que « le crédit se fonde avec de la
» confiance et de l'économie, avec le respect
» de tous les droits et de tous les engage-
» ments, avec la plus invincible fermeté pour
» la défense de l'ordre. » Nous disons avec
non moins de raison, sinon avec autant d'autorité, que ces bases indispensables du crédit,

quoique fort ébranlées par la révolution de février, et surtout par l'insurrection de juin,
existent encore en France, et que la France,
sagement et énergiquement gouvernée sous la
forme républicaine, aura bientôt réparé les sacrifices auxquels elle se résigne aujourd'hui, et
peut espérer encore des jours heureux sous
ce nouveau régime.

G. PAUL,

Paris, Août 1848.   9, rue Thérèse.

Imp. de GUIRAUDET et JOUAUST, rue S.-Honoré, 315.

www.ingramcontent.com/pod-product-compliance
Ingram Content Group UK Ltd.
Pitfield, Milton Keynes, MK11 3LW, UK
UKHW021709130726
13696UKWH00004B/1718